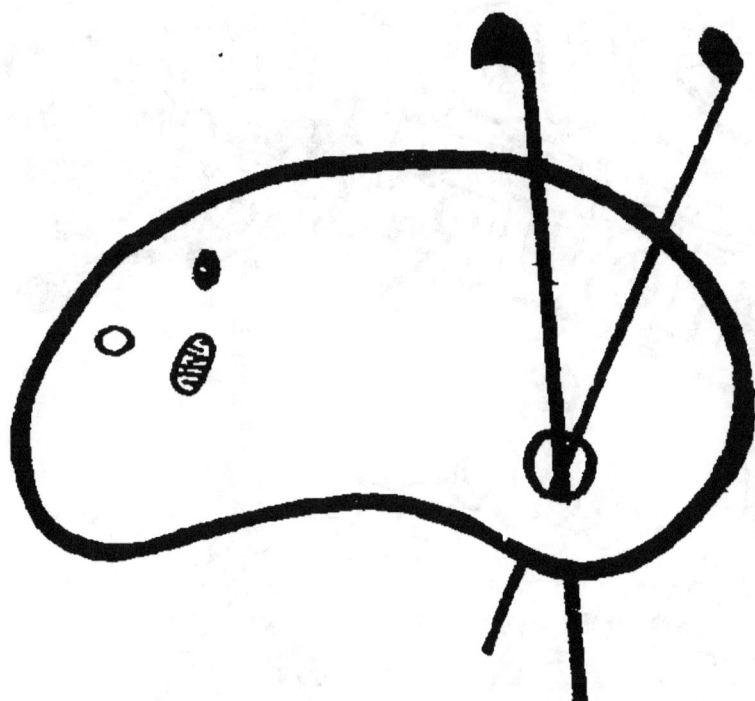

COUVERTURE SUPÉRIEURE ET INFÉRIEURE
EN COULEUR

GUIDE OFFICIEL DE LA TOUR EIFFEL

PRIX 15 Cent.

BRUXELLES
1893

PALME DE MÉRITE

MUSÉE COMMERCIAL ET EXPOSITION PERMANENTE

DE LA

SOCIÉTÉ SCIENTIFIQUE EUROPÉENNE

ET DE L'ACADÉMIE UNIVERSELLE
DES SCIENCES ET DES ARTS INDUSTRIELS

Participation gratuite pour tous produits

CONCOURS ANNUEL INTERNATIONAL

Juin à Septembre

MODÈLES DES MÉDAILLES ET INSIGNES

délivrés aux Lauréats

Pour tous renseignements s'adresser à l'Administration
Hôtel de la Société, 53, rue d'Angleterre, à Bruxelles
Et 12, avenue de Versailles, Paris, chez *M. B. Lequesne*, O. ✠

IMPRIMERIE CHAIX, RUE BERGÈRE, 20, PARIS. — 12966-7-93.

GUIDE OFFICIEL

DE LA

TOUR EIFFEL

PARIS

IMPRIMERIE ET LIBRAIRIE CENTRALES DES CHEMINS DE FER

IMPRIMERIE CHAIX

SOCIÉTÉ ANONYME AU CAPITAL DE CINQ MILLIONS

Rue Bergère, 20

1893

AVANT-PROPOS

« Les malveillants avaient dit que la Tour
Eiffel ne serait pas achevée. Elle a été achevée la première. Ils disaient qu'elle écrase-
rait Paris. Elle ne l'écrase pas. elle l'annonce.
Elle a été le grand éclat de l'Exposition.
On vient de loin pour voir cette Tour de
300 mètres, le premier ouvrage des hommes
qui se soit élevé si haut. Des artistes s'étaient
coalisés pour protester contre elle au nom de
l'art. Ignoraient-ils que l'immensité est aussi
une beauté ? Cette Tour donne, plus que tout
autre monument, l'impression de la force.
Elle est bien à sa place dans une exposition,
puisqu'elle est le chef d'œuvre de l'art du
constructeur. Elle vient à son heure, à la

veille du XXe siècle, pour symboliser l'âge du fer où nous entrons. Au second étage, et surtout sur la plus haute plate-forme, on découvre un paysage tel que les yeux de l'homme n'en ont jamais vu. C'est là-haut qu'il fait bon philosopher sur la marche des siècles. La nature et l'histoire se déroulent l'une et l'autre sous leur plus puissant aspect. C'est à cette plaine étendue sous vos pieds que tout le passé vient aboutir. C'est là que l'avenir s'accomplira. »

JULES SIMON.

Nous avons placé cette courte et vibrante appréciation d'un des plus grands penseurs de ce siècle en tête de ce Guide. Qu'aurions-nous trouvé de plus précis, de plus saisissant et de plus vrai que ces quelques lignes ?

M. EIFFEL

M. Gustave Eiffel, né à Dijon en 1832, sortit, en 1855, de l'École centrale des arts et manufactures de Paris. Son premier travail de direction fut celui du grand pont de Bordeaux (1861).

Les projets du palais des Machines de l'Exposition universelle de 1867, la construction des viaducs sur piles métalliques de la ligne de Commentry à Gannat (1868), de la Tardes, près Montluçon, de Cubzac, près Bordeaux, et surtout le grand pont en arc sur le Douro, à Porto, de 160 mètres d'ouverture (la plus grande qui ait été jusqu'alors réalisée pour un pont fixe de chemin de fer) établirent sa renommée, grâce à laquelle il fut chargé de la construction de la belle galerie, avec les trois dômes, formant la grande façade, sur la Seine, du palais de l'Exposition de 1878.

En 1879, il construisit, sur le type de son pont du Douro, le pont de Garabit (à la lisière des départements du Cantal et de la Corrèze), qui est la principale de ses œuvres. Le pont de Garabit, posé entre deux collines distantes de 534 mètres, franchit le torrent de la Truyère, à une hauteur de 122 mètres au-dessus du sol, par un arc de 165 mètres d'ouverture.

En 1886, M. Eiffel, déjà célèbre par ses importants travaux, dont nous venons d'énumérer quelques-uns, soumettait à M. Éd. Lockroy, ministre du Commerce et de l'Industrie, l'un des plus puissants promoteurs de l'Exposition de 1889, le projet hardi de construire une tour métallique de 300 mètres au Champ-de-Mars. Malgré des attaques injustifiées, l'idée fut admise en principe par le gouvernement et imposée aux architectes, dans le programme du concours de l'Exposition.

Le 5 novembre 1886, la commission de contrôle et de finances accordait à M. Eiffel la concession de l'exploi-

tation, pendant vingt années, de la Tour de 300 mètres et lui votait une subvention de 1.500.000 francs.

Une énergie indomptable, une volonté opiniâtre, forment le fond du caractère de l'éminent ingénieur qui a attaché à la Tour de 300 mètres un nom désormais connu dans le monde entier, jusque dans les bourgades les plus reculées.

M. Eiffel a eu de vaillants collaborateurs : MM. Nouguier, Kœchlin, ingénieurs de sa maison, et M. Sauvestre, architecte, qui ont établi les premiers avant-projets; MM. Martin, Compagnon et A. Salles, son gendre, qui ont plus spécialement suivi l'exécution des travaux.

Porté dès le début par l'opinion publique, M. Eiffel a surmonté les obstacles que rencontrent toujours dans leur réalisation les conceptions grandioses faites pour exciter l'envie.

A point nommé, le 31 mars 1889, M. Eiffel a pu planter lui-même le drapeau français sur ce monument incomparable, le plus élevé qui soit jamais sorti de la main des hommes.

Ce jour-là, M. Tirard, président du Conseil et commissaire général de l'Exposition, lui a annoncé, en présence de ses ingénieurs, de ses ouvriers et du haut personnel de l'Exposition, que le Président de la République lui avait conféré la croix d'officier de la Légion honneur.

Cette distinction, cent fois justifiée déjà par d'étonnants travaux accomplis en France et à l'étranger, M. Eiffel ne l'attendait pas ce jour-là; et cette surprise lui a été faite par M. Tirard aux applaudissements chaleureux de toute l'assistance.

Le succès était dès lors assuré et ne fit que s'accroître; il n'est pas besoin de rappeler quelle grande part a eu la Tour dans celui de l'Exposition de 1889, dont elle devint l'une des principales attractions et dont elle restera, dans l'opinion publique, comme le plus durable souvenir.

Il nous suffira de rappeler le nombre de ses visiteurs, qui en 1889 a été :

Au premier étage, de 1.968.287
Au deuxième étage, de . . . 1.283.230
Au troisième étage, de . . . 879.384

Le produit de ces entrées a été de cinq millions neuf cent quatre-vingt-trois mille neuf cent trente francs (5.983.930 fr.).

Le 10 juin 1889, la Tour a pu recevoir 23.202 personnes, c'est le jour où les visiteurs ont été le plus nombreux.

La plus forte recette a été de 60.756 francs, le 9 septembre 1889.

En 1890, le chiffre des ascensions et montées payantes a été :

Au premier étage, de 393.414
Au deuxième étage, de . . . 256.158
Au troisième étage, de . . . 173.225

Et le produit en a été de 696.394 fr. 50.

Les Fondations.

Avant de conduire le visiteur à travers les étages de la Tour ou dans les ascenseurs, nous devons indiquer en quelques lignes sur quelles bases solides elle repose.

La Tour est placée dans l'axe du Champ de Mars et, comme celui-ci est incliné à 45° sur la méridienne, il en résulte que les quatre piles de la Tour se trouvent très exactement aux quatre points cardinaux. Les deux piles en avant, vers la Seine, sont *Nord* et *Ouest*, 1 et 2, celles en arrière sont *Est* et *Sud*, 3 et 4. Pour la personne placée sur le pont d'Iéna, la pile la plus rappro-

chée de la Seine, à gauche, est la pile *Nord*. La pile
Est est derrière celle-ci. A droite, la pile la plus rap-
prochée de la Seine est la pile *Ouest*. Derrière celle-ci
est la pile *Sud*. Nous emploierons les points cardinaux
pour désigner les piles aux ascensionnistes.

Les fondations des deux piles en arrière Est et Sud
sont établies sur un massif de béton de 2 mètres qui
repose sur une couche de plus de 5 mètres de gravier
et de sable. Les fondations des piles en avant, vers la
Seine, sont établies à l'aide de caissons en tôle de
15 mètres de longueur sur 6 mètres de largeur, au
nombre de quatre pour chaque pile, enfoncés jusqu'à
5 mètres au-dessous du niveau de la Seine. Les fondations sont parfaites.

Par excès de sécurité, on a, au centre de tous les
massifs, faisant suite aux seize arêtes des quatre piles,
noyé dans la maçonnerie d'énormes boulons de $7^m,80$
de longueur qui intéressent les massifs de maçonnerie
par des sabots en fonte et des fers à I.

Les assises, en pierre de taille de Château-Landon,
sont capables de résister à un écrasement de 1.235 kilogrammes par centimètre carré. Et la pression sous les
sabots de fonte qui supportent les arêtes de la Tour
n'est que de 30 kilogrammes par centimètre carré. La
pierre des assises ne travaille donc qu'au quarantième
de sa puissance de résistance.

Il n'y a donc aucun doute à concevoir sur la solidité
des fondations.

Les fondations proprement dites sont noyées dans un
remblai arasé au niveau du sol. La base massive qui
apparaît sous forme de rocaille et de soubassement

n'est qu'un habillage. La rocaille est composée par des massifs de maçonnerie pittoresquement arrangés, entre lesquels naissent des fleurs et des arbustes. Si bien que chaque pile a l'air d'être placée sur un énorme rocher émergeant du sol.

Puisque nous en sommes encore aux fondations, nous devons dire que celles de la pile Sud sont à l'état de cave destinée au logement des machines et de leurs générateurs. Cette chambre des machines correspond par un canal à une tourelle qui s'élève de l'autre côté du lac. Cette tourelle pittoresque est la cheminée de la chambre des machines.

Les fondations, attaquées le 28 janvier 1887, terminées le 30 juin de la même année, ont occasionné 31.000 mètres cubes de fouilles et absorbé 12.000 mètres cubes de maçonnerie.

La Construction métallique.

La Tour de 300 mètres, qui a rendu le nom de M. Eiffel si populaire, ne pèse pas moins de 7 millions de kilos : 3 millions de kilos jusqu'au premier étage et 4 millions de kilos du premier étage au sommet; elle a étonné les Parisiens par la marche si rapide, si régulière et si scientifique de sa construction. C'est le plus colossal spécimen de l'art de l'ingénieur qui soit au monde.

Voici quelques détails sur le montage de la partie métallique. Chaque pile est formée par quatre montants, composés de tronçons dont le poids a varié de

2.500 à 3.000 kilogrammes. Ces montants sont de vrais caissons dans lesquels un homme peut se tenir. Ces caissons sont reliés entre eux par des treillis et des entretoises qui forment les remarquables et inextricables dentelles de fer qui font l'admiration de tous dans cet édifice si colossal et si léger à la fois.

La construction métallique de la Tour Eiffel a été une merveille de précision. Elle a été le dernier mot de l'art de l'ingénieur. Les pièces arrivaient sur place sans avoir besoin de retouches. C'est ainsi que des millions de trous de rivets et de boulons ont été percés dans les ateliers de Levallois, et que les petits chantiers mobiles qui s'élevaient avec l'édifice ont pu forger, riveter et boulonner les pièces au fur et à mesure de leur arrivée en place au moyen de grues, également mobiles et ascensionnelles. Une telle précision a été l'objet de l'admiration de tous les hommes compétents.

Pour faire l'étude de la Tour, on a employé 5.000 feuilles de dessin d'atelier de 1 mètre de large sur 0m,80 de hauteur. Quarante dessinateurs et calculateurs ont travaillé pendant deux ans aux études des 15.000 pièces différentes qui composent la Tour.

Chacune de ces 15.000 pièces métalliques a exigé un dessin spécial, où l'on a déterminé ses dimensions et notamment la position exacte des trous destinés aux rivets.

Pour assembler ces 15.000 morceaux de fer, on a employé 25.000.000 de rivets.

L'électricité atmosphérique reçue par cette masse de fer s'écoule dans le sol, dans chaque pile, par deux tuyaux de conduite de 0ᵐ,50 de diamètre, immergés jusqu'à 18 mètres au-dessous du niveau de la nappe aquifère.

La première partie de la Tour Eiffel se compose donc de quatre piles inclinées, réunies à la hauteur de 55 mètres par des poutres de 7ᵐ,50, qui ont fait de cette base colossale la masse rigide sur laquelle repose la Tour proprement dite. L'espace occupé par les quatre piles est de plus d'un hectare, puisque, de l'axe d'une des piles (à la base) à l'axe d'une autre pile, la distance est de 103ᵐ,90. Cette première partie du monument, mal jugée par des gens qui n'ont pas la patience d'attendre la fin des choses, est et restera un monument à la fois grandiose, élégant et artistique. Ces quatre arcs immenses ne sont-ils pas des cadres merveilleux, qui entourent de magnifiques édifices sans nuire à leurs proportions, pas plus qu'un cadre ne nuit à tel détail d'un tableau ?

Au-dessus de la poutre qui a fermé les grands arcs, se trouve l'encorbellement qui soutient les galeries du premier étage. Entre les consoles se trouve une frise sur laquelle sont inscrits en lettres d'or, parfaitement lisibles d'en bas, les noms de 72 hommes qui ont honoré la science française : 18 de chaque côté.

Côté de Paris :

Petiet, Daguerre, Wurtz, Leverrier, Perdonnet, Delambre, Malus, Breguet, Polonceau, Dumas, Clapeyron, Barda, Fourier, Bichat, Sauvage, Pelouze, Carnot et Lamé.

Côté du Trocadéro :

Séguin, Lalande, Tresca, Poncelet, Bresse, Lagrange, Belanger, Cuvier, Laplace, Dulong, Chasles, Lavoisier, Ampère, Chevreul, Flachat, Navier, Legendre, Chaptal.

Du côté de Grenelle :

Jamin, Gay-Lussac, Fizeau, Schneider, Le Chatelier, Berthier, Barral, de Dion, Gouin, Jousselin, Broca, Becquerel, Coriolis, Cail, Triger, Chiffard, Perrier, Sturm.

Vers l'École militaire :

Cauchy, Belgrand, Regnault, Fresnel, de Prony, Vicat, Ebelmen, Coulomb, Poinsot, Foucault, Delaunay, Morin, Hauy, Combes, Thénard, Arago, Poisson et Monge.

Au-dessus, tout autour, la galerie ou promenoir se présente extérieurement comme une succession de loggias à arcades gracieuses, nouées à leurs bases par de superbes écussons en bronze. Les tympans de ces arcades sont en treillis dorés disposés en éventail, dont les lignes partent d'une légère colonnette. Les entre-deux verticaux qui séparent les loggias sont à jour, avec des cabochons en cristal de cornaline. Derrière ces cabochons un bec de gaz. Si bien que ce sont autant de colonnes étincelantes les jours d'illumination. Comme ces jours-là les lignes de feu suivent les grandes lignes du monument, on se rend compte de la valeur artistique de cette conception cyclopéenne.

Élixir Brigeois, voir page 26.

LES MOYENS D'ASCENSION

Les Escaliers.

On a les ascenseurs et les escaliers pour monter au premier et au deuxième étage, et un ascenseur seulement pour monter du deuxième étage au sommet.

Voulez-vous connaître d'abord le nombre total des marches à monter de la base au sommet de la Tour? C'est une statistique fort curieuse :

DÉSIGNATION DES ÉTAGES	HAUTEUR du sol.	SUPERFICIE	NOMBRE DE marches du sol.
Premier étage.	57ᵐ83	4.200 ᵐ/ᶜ	347
Deuxième étage	115ᵐ73	1.400 ᵐ/ᶜ	674
Plancher intermédiaire . .	195ᵐ95	»	1.130
Troisième étage	276ᵐ13	350 ᵐ/ᶜ	1.585

Du 3ᵉ étage au pied du drapeau, il reste encore 125 marches à franchir, ce qui fait un total de 1.710 marches.

Dans les piles Est et Ouest sont disposés des escaliers à solides marches en chêne et larges de 1 mètre. Il y a 347 marches pour arriver au premier étage. On monte alternativement par ceux des piles Ouest et Est. Ces escaliers sont très doux, coupés par de nombreux paliers. L'ascension n'y est nullement fatigante.

2.000 personnes peuvent prendre cette voie par heure, sans qu'il y ait encombrement.

Entre le premier et le deuxième étage, les quatre escaliers sont affectés au public, deux pour la montée, deux pour la descente. Ce sont ceux des piliers Ouest et Est. Ces escaliers sont héliçoïdaux, de 0^m,60 de largeur. Ici encore 2.000 personnes peuvent monter et descendre par heure.

Du deuxième étage au sommet, il y a bien encore un escalier héliçoïdal tournant autour de l'axe même de la Tour; mais c'est un escalier de service, qui n'est pas mis à la disposition du public.

Les Ascenseurs.

La construction et le fonctionnement d'ascenseurs dans la Tour Eiffel constituent une opération délicate à cause de son inclinaison, qui varie de la base au 2e étage de 54° à 80°, et de la difficulté d'obtenir, à partir du deuxième étage, une ascension verticale de 161^m,20.

Ces obstacles ont été heureusement aplanis, grâce à l'intelligent concours des principaux constructeurs. Ils offrent tous la plus parfaite sécurité aux visiteurs et étonneront les ascensionnistes par la hardiesse de leur construction.

Il y a, de la base au sommet, trois sortes d'ascenseurs.

Du sol au premier étage, quatre ascenseurs : deux de montée et descente, système Roux, Combaluzier et deux du système Otis.

Le système Roux, Combaluzier et Lepape se compose

du système ordinaire à pression hydraulique, le piston
rigide remplacé, toutefois (pour obvier à l'inclinaison),

La base des Ascenseurs.

par un piston articulé joint aux deux extrémités, et
formant une espèce de chaîne sans fin fort ingénieuse.

Les cabines de ce système ont 5 mètres de hauteur
et peuvent contenir 100 personnes qu'elles élèvent en
une minute au premier étage de la Tour.

Le système Otis, qui fonctionne dans les deux piles de
service du premier étage, et qui fonctionne seul en

suite pour franchir les 54 mètres du second étage, a obtenu de très grands succès aux États-Unis. Il se compose d'un piston à tige, se mouvant dans un cylindre de fonte placé aux pieds de la Tour, et actionné par l'eau des réservoirs du second étage.

Coupe de l'Ascenseur Otis.

Les cabines Otis ne tiennent que 50 personnes, mais leur vitesse ascensionnelle étant double de celle des autres systèmes, le rendement par heure est le même.

Les quatre ascenseurs de la première course sont, suivant les nécessités, au service du public à partir de dix heures du matin jusqu'à dix heures du soir.

M. Édoux, l'ingénieur parisien bien connu par l'établissement des ascenseurs du palais du Trocadéro, a été chargé de l'ascenseur du dernier tronçon, du deuxième étage au sommet.

Le système de M. Édoux, si justement admiré en 1878, ne pouvait s'appliquer à la tour, puisque l'on imposait la condition de ne faire descendre au-dessous du second étage aucun des organes hydrauliques ou mécaniques destinés à la manœuvre de l'appareil.

M. Édoux a vaincu cette difficulté d'une façon ingénieuse. Il a divisé en deux parties la distance énorme de $161^m,20$ à franchir en obtenant le contrepoids nécessaire des ascenseurs par deux cabines, s'élevant, l'une de 118 mètres à $196^m,60$, l'autre redescendant du sommet à la hauteur du plancher intermédiaire de descente et de montée de l'ascenseur du second au troisième étage de la Tour Eiffel.

Un réservoir, placé à 276 mètres de hauteur, assure le fonctionnement des pistons hydrauliques qui actionnent la cabine supérieure.

Les cabines, fort élégantes, pourvues de sièges articulés et de banquettes, ont 14 mètres carrés; elles peuvent contenir 65 personnes environ et élever 750 personnes à l'heure.

Nous avons dit que le plancher intermédiaire était le

point de rencontre des deux cabines. Lorsque la cabine
supérieure monte, la cabine à course inférieure (qui
lui sert de contrepoids) descend tout naturellement. Il
s'ensuit que, pour parcourir le trajet de 161ᵐ,20, il y a
une station au plancher intermédiaire, comme dans
un chemin de fer. Chaque cabine parcourant la moitié
de la course, il y a échange de voyageurs sur le plancher intermédiaire sans le moindre encombrement,
les « montants » passant par une autre porte que les
« descendants ».

L'Ascenseur Edoux.

Il faut 1 minute 1/2 pour arriver au plancher intermédiaire, 1 minute pour l'échange des voyageurs d'une
cabine à l'autre et 1 minute 1/2 pour la course supérieure. Total : 4 minutes, du second à la plate-forme
supérieure.

Un réservoir de 20.000 litres d'eau est placé au sommet de la Tour pour le service de l'ascenseur Edoux.

Enfin, un frein de sûreté (dispositif Blackmann) permet de répondre absolument de tout accident et d'affirmer que, *même dans le cas de rupture d'un organe* important de l'ascenseur, les visiteurs portés par la cabine n'auraient à redouter aucune chute.

La durée de l'ascension totale, du pied au sommet, au moyen des ascenseurs, est de 7 minutes.

On peut élever, par heure, 2.350 personnes au premier et au deuxième étage, et 750 au sommet. Par les escaliers et les ascenseurs réunis, on peut dire que chaque heure, 5.000 personnes peuvent visiter la Tour Eiffel.

En résumé, la question si complexe, si ardue, remplie de périls et d'incertitudes, des ascenseurs de la Tour Eiffel a été résolue à la grande gloire de l'industrie nationale. Ils offrent la plus parfaite sécurité aux visiteurs, et leur usage rapide, précis et mathématique jusqu'à ces grandes hauteurs, n'est pas l'une des moindres curiosités ni l'un des moindres agréments pour les visiteurs de la Tour de 300 mètres.

Dans la Tour.

Le séjour dans la Tour est facultatif.

Il est difficile d'imaginer le nombre de personnes que peut contenir la Tour, lorsqu'elle a son maximum de visiteurs.

Pendule brevetée en France et à l'Étranger, voir page 49.

Faisons le calcul :

Les restaurants, la brasserie, la salle d'exposition au premier étage, soit pour les quatre 1.600

1.000 environ peuvent se mouvoir sur chacune des quatre galeries extérieures. 4.000

Entre les restaurants, il y a des galeries et des terrasses intérieures pouvant contenir ensemble 400

Total pour le premier étage . . . 6.000

On peut tenir 1.500 au second étage et 500 au sommet, ensemble 2.000

Les personnes en voie d'ascension, plus les gens de service. 2.000

Et vous aurez, lorsque la Tour sera saturée de visiteurs, un total d'environ 10.000

Dix mille personnes dans cette résille en fer ; quelle cage à mouches ! Quel bourdonnement ! quelle vie ! Une ville dans un tube. Le mouvement perpétuel.

Les Tickets.

On peut monter au premier étage par escalier ou par ascenseur, à son gré, puisque le prix de l'ascension est le même pour les deux modes.

Le tarif des visites à la Tour Eiffel est ainsi fixé : on monte pour 1 franc à la première plate-forme, pour 2 francs à la seconde, pour 4 francs à la troisième, pendant la semaine. Les prix sont de 50 centimes à la première plate-forme, 1 franc à la seconde, 2 francs à la troisième, le dimanche, soit 4 francs en semaine et 2 francs le dimanche, pour l'ascension complète.

Les trajets parcourus par le public sont, comme on sait, de 60, 115 et 276 mètres.

L'administration peut ouvrir 10 guichets, suivant les nécessités : 8 au rez-de-chaussée, 1 à la première plate-forme et 1 à la deuxième pour la vente des tickets.

On délivre des tickets *bleus* pour la première plate-forme, *blancs* pour la seconde et *rouges* pour le sommet.

La personne à destination de la première plate-forme remet son ticket bleu à l'arrivée. N'en ayant plus, elle ne peut monter plus haut que si elle achète un second ticket — le blanc — qui sert entre la première et la seconde plate-forme. Enfin, pour monter au sommet, il faut acheter un ticket rouge.

Et les piétons ?

Ceux que les ascenseurs impressionnent, ou qui veulent se livrer à un exercice apéritif avant de dîner ou de déjeuner au premier étage, ont à leur disposition deux escaliers confortables pour le service de la première plate-forme : celui de la pile Ouest pour monter et celui de la pile Est pour descendre (alternativement).

Que l'on monte à pied ou en ascenseur, c'est le même prix et les tickets sont pareils. Si bien que les tickets une fois pris pour le premier ou le second, on peut faire le trajet d'une façon ou de l'autre.

Vous voilà renseignés sur la Tour Eiffel, sur les moyens d'ascension, sur les prix des voyages. Il s'agit maintenant de se mettre en route.

MUSÉE GRÉVIN

10, Boulevard Montmartre, 10

L'ESCADRE FRANÇAISE A CRONSTADT
Réception du Tsar à bord du « Marengo »

LE FOYER DE LA DANSE A L'OPÉRA

LES VISIONS DE JEANNE D'ARC

GALERIE DE LA RÉVOLUTION
La Famille Royale au Temple
Marie - Antoinette à la Conciergerie

SOUVENIRS DE L'EXPOSITION
La Rue du Caire. — Les Javanaises.

UNE EXÉCUTION PAR L'ELECTRICITÉ A NEW-YORK

ORCHESTRE HONGROIS

LE CABINET FANTASTIQUE

Prix d'entrée : **2 fr.** Enfants et Militaires : **1 fr.**
Dimanches et Fêtes, moitié prix.

Les Ascensions.

La Tour est ouverte dès 10 heures du matin depuis le premier dimanche du printemps jusqu'à 10 heures du soir pendant la saison d'été, du 15 mai au 15 septembre.

Avant et après ces époques, la Tour est fermée à la nuit.

Un tableau placé à chaque pilier indique journellement aux visiteurs les ascenseurs qui fonctionnent pour les 1er et 2e étages, ainsi que l'escalier en service pour la montée au 1er étage.

L'ASCENSION

La Tour est livrée au public à partir de 10 heures du matin. Dès ce moment, les ascenseurs qui conduisent au premier étage sont à sa disposition.

Il y a devant la face intérieure de chaque pile un élégant chalet où l'on délivre et où l'on contrôle les tickets.

On prend, à volonté, son ticket pour l'étage auquel on désire se rendre.

Les jours où il y a foule, on ne peut pas prendre, en bas, les tickets pour le troisième étage ; parce que les moyens de locomotion, qui sont de 2.000 par heure jusqu'au second étage, ne sont plus que de 750 par heure entre le second et le troisième étage. Si les 2.000 personnes montées au second avaient un droit constaté par un ticket du troisième, pris au bas, et l'ascenseur ne pouvant en élever que 750 (par heure) du second au sommet, il en résulterait des discussions et des encombrements.

On y a obvié en obligeant ces jours-là l'ascensionniste à reprendre un nouveau billet au second étage, s'il veut monter plus haut. Cela permet d'arrêter la délivrance des tickets aussitôt que la capacité de l'ascenseur Edoux est atteinte. On évite ainsi tout embarras.

Que vous décrire, que vous pourriez observer ou suivre dans un trajet qui ne dure pas une minute?

Si vous êtes du côté voulu pour voir le Champ de Mars, vous apercevez, en prenant place, les jardins, les

fontaines, les statues, les pa.ais et les dômes des Beaux-
Arts et des Arts libéraux et le Palais des Machines. En
somme, un grand et magnifique tableau taillé en pièces
par les treillis et les entretoises.

Mais voici l'ascenseur en route, doucement d'abord,
et le tableau semble s'abaisser. Vous avez à peine
éprouvé cette sensation, que les treillis se resserrent
et obstruent la vue. La forêt de fer s'épaissit : on ne voit
plus rien du tout. On est arrivé. Un peu moins d'une
minute pour atteindre le premier étage. Ce n'est pas la
peine de s'en passer.

Si vous n'avez qu'un billet bleu de premier étage, il
faut en prendre un autre, un billet blanc pour monter
au second.

Au second, ainsi qu'il vient d'être dit, on peut prendre
un billet nouveau (rouge) pour monter au troisième.

L'Ascension à pied.

Le piéton est mieux partagé pour cette première partie de l'ascension. L'escalier est droit, commode, facile,
avec des paliers nombreux sur lesquels il peut s'arrêter
à tout moment pour admirer. Nous avons fait cette
ascension un grand nombre de fois, et, chaque fois, avec
un plaisir nouveau et grand !

Si les ascenseurs ont l'avantage de vous élever rapi-
dement et de vous donner la surprise d'un changement
subit, les escaliers vous permettent, par contre, de
détailler le plaisir de la montée. C'est là une question
de goût et de tempérament. En résumé, nous conseil-
lons les deux modes d'ascension. Celui qui aura détaillé

son plaisir *via*-escalier, recherchera ensuite les montées rapides. Celui qui n'aura vu, de la cabine, en passant, que des broussailles de fer, ne sera pas fâché de monter

L'Escalier du 1er étage.

une fois à pied, tranquillement, savourant à l'aise les cent tableaux différents découpés dans le panorama de Paris par les entretoises et les treillis.

La montée *via*-escalier se faisant, par exemple, par la pile Ouest, on a tout de suite une vue cavalière des palais du Champ de Mars.

Un tournant d'escalier vous met devant les yeux les dômes du Palais des Beaux-Arts, énormes bijoux de turquoise, derrière lesquels apparaît, non moins énorme, le dôme des Invalides. Tout est colossal dans le colosse qui vous abrite.

La montée par l'escalier peut seule donner l'idée de l'immensité du travail de fer accompli sous le premier étage et son admirable ordonnancement. Elle procure le sentiment de la sécurité parfaite donnée par l'édifice tout entier.

Lorsqu'on arrive aux trois quarts de la montée, à une quinzaine de mètres au-dessous du premier étage, on se trouve abrité comme dans une chambre, derrière les parois pleines qui forment à l'intérieur les encorbellements et les voussures qui supportent la galerie. Comme suspendues sous le premier étage, sont les cuisines et les caves des restaurants. Il est curieux de voir les chefs et les marmitons le nez à leurs fenêtres, si haut placées, et cependant en sous-sol.

Le premier Étage.

Enfin, que vous émergiez de l'escalier, ou que vous sortiez de la cabine de l'ascenseur, quelle surprise ! C'est à n'en pas croire ses yeux. On ne sait, en vérité, où porter les regards. Tout vous sollicite et vous attire. Une petite ville de près de 5.000 mètres de superficie s'étale devant vous : salle d'exposition, restaurant, café, brasserie, luxueux et vastes comme les grands établissements des boulevards vous ouvrent des portes hospitalières ; çà et là, égrenés auprès des quatre grandes salles, les kiosques de vente, les guichets d'ascension, un graveur sur verre, un amusant découpeur de portraits-silhouettes, les bureaux d'administration, etc., qu'anime tout un monde cosmopolite de visiteurs ; la vie parisienne en petit, à la hauteur des tours Notre-Dame, et la vue du splendide panorama de la Ville-Lumière.

A quelques pas de là, des galeries donnent sur l'ouverture béante au fond de laquelle se trouvent les pelouses et les fleurs, entre les étonnants raccourcis des piliers de la Tour, avec des bonshommes tout petits, tels que Gulliver devait les voir en Lilliput. Mais si l'on se retourne, c'est le merveilleux panorama de Paris qui se développe et vous empoigne. On resterait des heures à le contempler. D'autant qu'on éprouve déjà, à cette hauteur, un véritable bien-être. On respire à pleins poumons un air pur, étant au-dessus de la couche plus ou moins altérée et chargée de microbes qui avoisine le sol de la capitale et en remplit les rues profondes.

Nous voici sur la plate-forme du premier étage. Sachez que le pourtour extérieur de cette plate-forme est un immense carré de 70m,69 de côté, enfermant près de 5.000 mètres superficiels.

Je suppose l'arrivée au premier étage par le pilier Ouest, par ascenseur ou par escalier. On remarque aussitôt que le premier étage a deux niveaux : celui des

restaurants et des cafés, balcons et terrasses et celui des
galeries de pourtour, plus bas d'un mètre environ. Cette
différence est rationnelle et ingénieuse, en ce qu'elle permet aux visiteurs des galeries de circuler sans obstruer
la vue de ceux des restaurants et des terrasses. Douze
escaliers mettent ces deux plans en communication.

Vous perdez le sentiment de la hauteur où vous êtes,
et dès que vous mettez le pied sur le premier étage,
vous avez la sensation de l'entrée dans une ville. Si
vous avancez sur la vaste terrasse qui s'étend devant
vous, vers l'intérieur, vous arrivez devant une ouverture immense, béante, dans laquelle vous voyez, comme
au fond d'un abîme, le pendule de Foucault, érigé sous
la direction de M. Mascart (de l'Institut); puis les jardins, les lacs, le départ des piliers de la Tour; tout en
raccourci, tout petit. Au milieu de ce paysage vu à vol
d'oiseau, les hommes circulent comme des êtres lilliputiens. On s'identifie tellement avec le colosse de fer qui
vous porte, que l'on voit tout, au-dessous de soi, avec
des yeux de géant.

Devant chaque grande salle règne un balcon arrondi,
partant des pans coupés des terrasses intermédiaires et
formant un gracieux dessin d'ensemble. Le gouffre
béant mesure environ 25 mètres d'ouverture.

Le Restaurant, la Terrasse, la Brasserie et la Salle des fêtes.

Comme nous le disions plus haut, les quatre grandes salles du premier étage sont luxueuses et richement décorées.

L'intérieur du Restaurant.

Le Restaurant occupe toute la surface du bâtiment située entre les piliers Est et Sud (côté Champ de Mars). On y sert, à la carte, d'excellents repas. La cave a même acquis déjà une renommée.

L'ancien Restaurant russe (côté Paris, entre les piliers Nord et Est) est aujourd'hui une annexe du restaurant; complètement ouvert sur la façade, c'est une véritable terrasse particulièrement agréable pendant les grandes chaleurs, et il n'est guère nécessaire de dire que la carte et les prix y sont exactement pareils.

Sur le côté Grenelle, nous trouvons l'ancienne salle de lecture de 1890, transformée aujourd'hui en café-brasserie. Enfin, la quatrième salle (côté Trocadéro) est

Le Restaurant-annexe.

convertie en salle de spectacle, où dans la saison d'été (du 1er juin au 15 septembre), sous l'habile direction de M. Bodinier, directeur-fondateur du théâtre d'application, il y a représentation tous les soirs à 9 heures.

La façade extérieure de chaque salle donne sur une terrasse de plain-pied, dominant la galerie du pourtour.

De là, la vue est merveilleuse. L'admiration et l'extase, aussi bien que l'ascension et l'air vif, poussent naturellement à la consommation.

Les caves et les cuisines en sous-sol sont vastes et commodes. En sous-sol à 55 mètres au-dessus du niveau du Champ de Mars! Lorsque vous monterez et que vous verrez par vous-même, vous direz que les phrases que vous venez de lire ne sont ni baroques ni fantaisistes. M. Eiffel vous élève à des hauteurs où les termes terre-à-terre de cette terre, sur laquelle nous rampons, ont besoin d'être corrigés, modifiés, élargis.

Le dernier mot n'est pas dit pour les installations à faire sous le sol du premier étage, dans les espaces vides si considérables que vous remarquez entre les fers de la

Le Café-brasserie.

charpente. Il y aura là, quelque jour, des installations de toutes sortes : étables, poulaillers, glacières et même

des fours à pâtisserie, pour les restaurants et les bars :
tout aussi bien que les caves et les cuisines qu'on y
voit actuellement.

Qui sait, lorsque la Tour Eiffel sera, avec le temps, devenue un lieu hygiénique, l'équivalent d'une station balnéaire, le sanatorium des anémiés d'en bas, si l'on n'y installera pas des chambres, des salles de bains, de douches, de gymnastique et d'escrime? Tout est possible dans ce vaste sous-sol... en l'air!

COUP D'ŒIL SUR LE PANORAMA

L'ascensionniste fera bien de commencer la visite du premier étage par une promenade sur les galeries extérieures. Le tour de ces galeries mesure 282m,76 de longueur, chaque côté ayant 70m,69. C'est donc une grande et belle promenade.

Si le visiteur est arrivé, par exemple, par la pile Ouest, il fera bien de commencer par la galerie qui fait face au pont d'Iéna et au Trocadéro, c'est le nouveau Paris, spacieux, élégant, borné par le Bois de Boulogne qui s'étend devant lui au second plan.

Passant à la galerie qui fait face à l'esplanade des Invalides, le visiteur aura sous les yeux le panorama du vrai Paris, du cœur de la Cité, avec les silhouettes imposantes des vieux monuments, et Montmartre au fond. La Madeleine, l'Opéra, Saint-Augustin, le Palais de l'Industrie, la place de la Concorde, le Louvre, la Tour Saint-Jacques, Notre-Dame, etc., se trouvent dans cette partie du panorama que traverse le cours de la Seine animé par des centaines de bateaux.

La galerie suivante — côté École militaire — embrasse le Champ de Mars tout entier, qui apparaît comme un magnifique plan en relief. Ce coup d'œil est merveilleux. Le dôme des Invalides apparaît derrière celui des Beaux-Arts, avec Saint-Sulpice et le Panthéon plus à gauche.

Peu de monuments au delà de l'École militaire: mais on a les Palais de l'Exposition à ses pieds, et cela suffit.

L'Angle du pilier Ouest au 1er étage.

La quatrième galerie fait face à Grenelle. Et ce n'est pas le plus vilain côté des panoramas. Non par le nombre des monuments (il n'y en a pas), mais par la beauté pittoresque de ce côté de Paris. C'est le côté des couchers du soleil — et l'on sait que Paris a le privilège des plus beaux couchers de soleil.

Premier étage. — Pourtour.

La Seine coupe ce panorama en deux parties bien stinctes. Sur sa rive droite, les riants coteaux de

Passy; sur la rive gauche, la noire ville des usines de Grenelle et de Javel. Le contraste est saisissant. La Seine est superbe de ce côté, toujours lumineuse. Elle est coupée dans sa longueur par cette singulière île des Cygnes, longue, étroite et régulière comme un ruban. C'est là que s'élève la statue de la *Liberté éclairant le monde*, de Bartholdi. Au fond, le beau viaduc du Point-du-Jour fait tableau. A gauche, du *côté de Meudon*, l'on voit presque tous les jours s'élever des ballons. Ce sont les expériences d'aérostation militaire qui se font là-bas.

En route pour le second étage.

Si vous voulez monter au second étage en ascenseur, c'est l'ascenseur Otis qui vous y élèvera en une petite minute. A peine le temps de constater que les treillis de fer sont plus sveltes, plus espacés, et que le constructeur a allégé le poids à mesure que l'édifice s'élevait.

Si vous voulez vraiment jouir d'un coup d'œil merveilleux, de la transformation des choses; si vous voulez savourer les impressions que vous donne cette admirable ascension, c'est à pied qu'il faut la faire, du moins, de temps à autre. Dans ce cas, il faut rejoindre l'escalier hélicoïdal de la pile Nord ou Sud consacré à la montée. Le bureau des tickets est derrière l'escalier. La montée est curieuse. Par exemple, arrêtez-vous vers la 160e marche, pour voir un des plus jolis morceaux de Paris découpé par les entretoises. Le cadre est largement ouvert. L'on voit de Montmartre au Pan-

théon, Montmartre donne le sentiment de son altitude ;
il se découpe encore sur le ciel au-dessus de l'horizon.

Si vous regardez au-dessous de vous, vous ne voyez
que zinc et verre. Ce sont les toitures rondes des
restaurants et des loggias des galeries extérieures du
premier étage. Du milieu de ces couvertures brillantes,
vous voyez sortir la pile Ouest. On perd le sentiment
de l'élévation où l'on se trouve et jusqu'au souvenir
des pieds de la Tour, qui vont du sol au premier étage.
Toute cette colossale construction du bas n'est plus
appréciable, ayant disparu. Il semble que le premier
étage soit un point de départ nouveau. Pour l'ascensionniste placé entre le premier étage et le second,
la Tour semble partir du premier comme d'un sol
nouveau.

LE SECOND ÉTAGE

Sur cette seconde plate-forme l'emplacement se rétré-
cit, mais se compense largement par l'étendue du coup
d'œil panoramique. Les choses de la terre deviennent
minuscules, et, chose étrange, aucun vertige, aucune
trépidation ni oscillation ne vous communique la sensation de la hauteur.

Un bar-brasserie (où l'on peut luncher excellemment),
un photographe (avec son atelier aérien de pose),
divers kiosques de vente de souvenirs y sont installés.
On y trouve aussi un abri vitré, avec bureau pour la
correspondance, des water-closets, etc.

Impressions d'un Piéton.

Pour pouvoir donner des impressions justes, j'ai
plusieurs fois fait l'ascension du second au troisième
par l'escalier. C'est en décrivant les impressions res-
senties durant ces ascensions faites à pied que je serai
le meilleur guide et conseiller pour les voyageurs de
l'ascenseur.

L'escalier est hélicoïdal ; il n'est pas livré au public.
La distance qui sépare le second étage du plancher
intermédiaire est de 80^m,60. L'horizon s'étend démesu-
rément. Ce ne sont, de toutes parts, que des tableaux
merveilleux découpés par les treillis. Un album de

vues variées à l'infini, dans d'innombrables cadres. Le
fer n'est plus du tout gênant comme au-dessous. Les

entretoises sont d'une légèreté extrême, et, dans les
jours énormes dessinés entre ces croix de Saint-André,

les fragments du panorama sont bizarrement découpés, comme des panneaux japonais.

Je m'arrête à mi-chemin, entre le second étage et le plancher intermédiaire, à peu près à 160 mètres de hauteur. Le Mont-Valérien et Montmartre perdent de leur hauteur, leurs sommets affleurent l'horizon. Au delà apparaissent déjà des coteaux jusqu'ici invisibles, des terres nouvelles.

Un phénomène curieux se produit, qui va en augmentant à mesure que l'on s'élève. Tandis que les choses éloignées semblent se rapprocher, celles qui sont au pied de la Tour semblent s'éloigner. Le Point-du-Jour, les panaches de fumée des chemins de fer de Versailles et de Ceinture paraissent plus près, et le Trocadéro plus éloigné.

On distingue encore le bruit des voitures.

Quelques martinets tournent autour de la Tour, un peu plus haut que le point où je me trouve, inquiets. Pensez donc ! un profane dans le monde des oiseaux !

Le Plancher intermédiaire.

Je reprends ma course.

Me voici au plancher intermédiaire. Juste à 200 mètres du sol.

C'est ici que les deux cabines de l'ascenseur Edoux échangent leurs voyageurs. Celle qui s'élève du second étage arrivera là, sous la même action mécanique et en même temps que celle qui descendra du troisième. A la rencontre, elles boucheront les deux trous béants que je vois ; et leurs planchers ne feront qu'un avec

celui du balcon placé entre elles. Le balcon est divisé
en deux parties. Sur l'une déboucheront les ascensionnistes de la cabine « montante » ; de l'autre sortiront
les « descendants ». Si bien que chacune se remplira
de ce qui sortira de l'autre.

Tout autour, une assez spacieuse terrasse où les
ascensionnistes pourront faire une petite station de
curiosité, entre deux trains, c'est le cas de le dire.

L'ascenseur Edoux, logé entre trois montants qui
portent les pistons, les câbles, les glissières et les
tuyaux, est orienté de façon à avoir une cabine nord
dans la direction de l'Arc de Triomphe et une cabine
sud vers Grenelle. La cabine nord fait l'ascension
supérieure du plancher intermédiaire au troisième, et
la cabine sud fait le service inférieur. Ces cabines sont
très vastes.

Du plancher, la vue est magnifique. On est plus près
des fers de la Tour, et les découpures dans le panorama
sont plus larges.

Pauvre Montmartre ! pauvre Mont-Valérien ! L'horizon
les dépasse maintenant, les submerge. Leurs silhouettes
n'ont plus aucun commerce avec le ciel. Elles se dé-
tachent minablement sur les terres d'au delà.

Des pays nouveaux sont visibles.

Du Plancher intermédiaire au sommet.

Quatrième étape. Encore 90 mètres !

Allons ! Je m'aperçois que la carcasse de fer se rap-
proche de l'axe. L'ascenseur Edoux finira par remplir

l'ossature et par affleurer les entretoises. C'est que la Tour s'amincit notablement.

On voudrait s'arrêter à chaque marche, tant il y a de belles choses et de surprises tout autour de la Tour. L'École Militaire surgit peu à peu derrière le masque de fer et de verre derrière lequel on l'a cachée, et le puits de Grenelle se dégage tout entier. Je vois les cavaliers manœuvrer dans les cours des grandes casernes ; mais si petits, si petits qu'on dirait des cirons à cheval sur des puces. Je crois voir des cloportes dans ces cours. En y regardant, je démêle que ce sont des caissons d'artillerie.

LE TROISIÈME ÉTAGE

Ici l'œuvre de M. Eiffel apparaît sous un aspect véritablement grandiose, merveilleux, éblouissant. Quel magnifique horizon ! C'est indescriptible !

Le Phare de la Tour.

Que vous parveniez à la troisième plate-forme par escalier ou par ascenseur, vous débouchez dans une vaste salle octogonale, ou si vous le préférez, carrée à pans coupés. Les grands côtés mesurent une douzaine de mètres et les pans coupés deux mètres environ. La salle mesure un peu plus de deux mètres et demi en hauteur.

On y trouve trois minuscules boutiques de vente de souvenirs, guides, etc., encastrées dans les piliers, et aussi un bar de dégustation. Sur les quatre côtés, les ascensionnistes du troisième peuvent inscrire leur nom sur les feuilles apposées à cet effet. Elles sont renouvelées chaque jour et destinées à former l'album des ascensionnistes de la Tour.

A hauteur de vue, de magnifiques glaces ferment les baies, et là, à l'abri des intempéries, on peut admirer le panorama incomparable qui vous entoure. De nombreux visiteurs y suivent avec grand intérêt, à certains jours, les courses de Longchamp, d'Auteuil et de Levallois-Perret. Par une gracieuse et utile inspiration la *Société de la Tour* a fait reproduire sur les panneaux du haut une vue et description panoramiques des localités et monuments entr'aperçus.

Le public n'est pas admis à dépasser la plate-forme du troisième étage, bien que 23 mètres la séparent du drapeau, dont la hampe est exactement à 303 mètres au-dessus du sol.

RENSEIGNEMENTS GÉNÉRAUX

ADMINISTRATION

L'administration de la société de la Tour Eiffel est installée au pied du pilier nord, dans l'élégant pavillon en bois édifié pour l'Exposition Universelle de 1889, par le gouvernement norwégien.

Les services d'administration, secrétariat, services techniques, caisse, comptabilité et direction du personnel y sont centralisés.

BOITES AUX LETTRES

Par les soins d'employés spéciaux, les lettres et cartes postales déposées dans les boites aux lettres de la Tour par les visiteurs sont expédiées par tous les courriers postaux de chaque jour.

Les boites aux lettres sont installées à tous les étages et les visiteurs peuvent se procurer les cartes postales dans tous les kiosques de vente.

BUREAU DE TABAC

Un bureau de tabac a été installé au premier étage (pilier Est). On y vend aux mêmes prix qu'aux autres débits tous les tabacs de la Régie.

DISTRIBUTEURS AUTOMATIQUES

Les ascensionnistes et visiteurs peuvent se procurer de charmants souvenirs et vues photographiques de la Tour aux huit distributeurs automatiques installés : quatre au premier étage, deux au deuxième, et deux au troisième.

INTERPRÈTES

Les ascensionnistes étrangers trouveront aux deuxième et troisième étages des interprètes parlant toutes les langues de l'Europe (anglais, allemand, russe, italien, espagnol, etc.). Prix : 0,50 centimes le quart d'heure.

JUMELLES ET LONGUES-VUES

Le service de l'optique de la Tour a été considérablement augmenté pour l'année 1892.

Il existe à chaque étage un bureau de location et de vente d'objets d'optique.

Au deuxième étage, deux postes composés chacun de cinq télescopes sont établis l'un à la pile Nord, l'autre à la pile Est. Chaque télescope est muni d'un télescographe, appareil nouveau permettant aux visiteurs de trouver eux-mêmes d'une manière rapide les points de vue et les monuments les plus remarquablse de Paris et des environs. Le télescographe indique de plus le nom du point de vue ou du monument et la distance à laquelle ils se trouvent de la Tour.

0 fr. 25 par personne et par poste.

Au troisième étage, quatre télescopes sont installés et permettent de découvrir les points de vue jusqu'aux horizons les plus lointains.

0 fr. 50 par personne pour les quatre télescopes.

RÉCLAMATIONS

Les visiteurs pourront adresser leurs réclamations au chef du personnel, dont le bureau est installé au premier étage (pilier Ouest).

WATER-CLOSETS

On trouve des water-closets aux premier et deuxième étages. Prix : 15 centimes.

Moyens de transport à l'extérieur

CHEMINS DE FER DE L'OUEST

Gare du Champ de Mars (avenue de Suffren,
côté Grenelle).

Les visiteurs de la Tour peuvent se rendre du Champ de Mars à la gare Saint-Lazare, et s'arrêter aux stations intermédiaires de la ligne du Champ de Mars à Paris (Saint-Lazare) aux heures et prix suivants :

Départs du Champ du Mars : 8h 23m matin, 9h 28m, 10h 25m, 11h 30m, 12h 29m jour, 1h 30m soir, 2h 29m, 3h 30m, 4h 27m, 5h 29m, 6h 30m, 7h 25m. (Les dimanches et fêtes seulement) à 8h 29m, 9h 19m, 10h 14m, 11h 25m soir.

Durée du parcours : 1 heure environ.

Distance parcourue : 21 kilomètres.

STATIONS	PRIX DES PLACES	
	1re classe.	2e classe
Champ de Mars	» »	» »
Javel (halte).	0.30	0.20
Les Moulineaux-Billancourt. . . .	0.45	0.30
Le Bas-Meudon	0.55	0.35
Bellevue-Funiculaire (halte). . . .	0.60	0.40
Pont-de-Sèvres.	0.60	0.40
Pont-de-Saint-Cloud	0.60	0.45
Suresnes-Longchamp.	0.70	0.50
Puteaux.	0.85	0.50
Courbevoie	0.90	0.50
Asnières.	0.90	0.50
Clichy-Levallois	0.90	0.50
Paris (Saint-Lazare)	0.90	0.50

OMNIBUS et TRAMWAYS

Plusieurs lignes d'omnibus et de tramways ont un parcours ou leur point terminus à proximité de la Tour Eiffel.

PORTE RAPP (400 mètres environ) :

Tramway de la *Porte Rapp à la Bastille.*

TROCADÉRO (150 mètres environ) :

Au pont d'Iéna, sur le quai Debilly :

Tramways du *Louvre à Versailles.*

— *à Saint-Cloud.*

—. *à Boulogne.*

Dans le parc :

Tramways du *Louvre à Passy.*

Derrière le Palais (600 mètres environ) :

Tramways du *Trocadéro à la Villette.*

— *à la place Pigalle.*

Omnibus — *à la gare de l'Est.*

Prix des Places (1).

Intérieur : 30 centimes, donnant droit à une correspondance.

Impériale : 15 centimes, et 30 centimes avec correspondance.

VOITURES DE PLACE

Une station de voitures a été placée aux pieds de la Tour même, en avant du pont d'Iéna.

Voitures à deux places (et un strapontin pour un troisième voyageur, à la faculté du cocher) : la course 1 fr. 50 c.; l'heure 2 francs. Voitures à quatre places : la course 2 francs, l'heure 2 fr. 50 c.

1. Dans l'intérieur de Paris seulement.

BATEAUX-OMNIBUS

106 bateaux appartenant aux *Compagnies de Bateaux Parisiens* (bateaux-mouches et bateaux-express fusionnés) et des *Hirondelles parisiennes* desservent les pontons suivants, situés à proximité de la Tour :

Bateaux-mouches (du pont d'Austerlitz à Auteuil-Point-du-Jour) :

Escales des ponts de l'Alma, du Trocadéro et de Passy (rive droite).
Prix : 10 centimes.

Bateaux-express (de Charenton au viaduc d'Auteuil) :

Escales d'Iéna, de l'avenue de Suffren et de l'île des Cygnes (rive gauche).
Départs et arrivées toutes les 7 minutes.

Prix : de Charenton au pont d'Austerlitz, 10 centimes ; du pont d'Austerlitz au viaduc d'Auteuil, 10 centimes ; la semaine. Le dimanche, les prix sont relevés de 10 centimes sur la traversée de Paris et de 5 centimes pour celle de la banlieue.

Hirondelles (du quai des Tuileries à Suresnes).

Escales du pont de l'Alma et de Passy (rive droite).
Départs et arrivées toutes les 20 minutes.

Prix : 20 centimes, la semaine ; 40 centimes, le dimanche.

SOCIÉTÉ SCIENTIFIQUE

EUROPÉENNE

Fondée à Smyrne (Asie)

Par le Dr WEYLANDT D'HETTANGER, ✠✠, en 1849.

RECONSTITUÉE A PARIS

Par M. L.-C. de LARAPIDIE DELISLE, O.✠

Président titulaire actuel : M. M. SCHMIDT, ✠, O. ✠.

ARTICLE PREMIER DES STATUTS

La *Société Scientifique Européenne* a pour but de rechercher, encourager et récompenser sans limites, comme sans distinction de personnes ou de nationalités, les auteurs de découvertes et améliorations quelconques reconnues d'utilité publique, et en général tous ceux qui s'occupent, ou tendent à faire progresser par toutes les voies et les moyens possibles les Arts, les Métiers, les Sciences, la Musique, les Belles-Lettres et les Beaux-Arts.

ADMINISTRATION :

53, rue d'Angleterre, 53

BRUXELLES

LE GUIDE OFFICIEL
DE LA TOUR EIFFEL

Édition populaire en brochure illustrée, in-32 jésus
64 pages et couverture.

Prix de vente : 15 centimes.

La vente du **Guide Officiel de la Tour Eiffel** sera faite dans les kiosques et dans les ascenseurs, par les soins du personnel de la Société de la Tour, à l'exclusion absolue de toute autre publication similaire.

PUBLICITÉ PERMANENTE
d'Avril à Novembre.

On peut souscrire, dès à présent, pour les éditions de 1894. Trois pages de la couverture, vingt pages dans le texte et tous les bas de pages seront réservés à la publicité.

TARIF DES INSERTIONS :

Pages de la couverture	**500** francs.
— d'annonces dans le texte. .	**300** —
— — à la fin	**200** —
Demi-page.	**100** —
Quart de page	**50** —
Cinq lignes.	**25** —
Bas de pages de 2 et 3 lignes . .	**25** —
— de 1 seule ligne . .	**10** —

Adresser les communications et demandes d'insertion à **B. LEQUESNE**, O. ✠ Fermier général des annonces **12, avenue de Versailles, PARIS-PASSY**, Et à **GELIN**, Administrateur, **16, rue de la Goutte-d'Or**.

CHEMIN DE FER DU NORD

SAISON des BAINS de MER

du 1er Mai au 15 Octobre

Prix au départ de Paris :

1° Billets d'aller et retour valables du Vendredi au Mardi.

	1re cl.	2e cl.	3e cl.
Le Tréport-Mers	25.75	20.35	13.90
Saint-Valery	27.15	21.35	14.75
Cayeux	29.30	23.05	15.95
Le Crotoy	27.90	21.95	15.15
Berck	31 »	24.15	17 »
Étaples (Le Touquet-Paris-Plage).	30.90	23.95	17 »
Boulogne (Ville)	34 »	25.70	18.90
Wimille-Wimereux. . .	34.55	26.10	19.30
Ambleteuse, Audresselles, Wissant (Marquise) . .	35.50[1]	26.75[1]	20 »[1]
Calais (Ville).	37.90	29 »	21.85
Gravelines	38.85	29.95	22 60
Dunkerque.	38.85	29.95	22.60
Chonchil-le-Temple (Fort-Onival)	28.80	22.50	15.75
Quend-Port-Mahon . . .	28.30	22.15	15.45
Eu (Le bourg d'Au Onival)	25.40	20.10	13.70

(1) Ce prix ne comprend que le trajet en chemin de fer.

CHEMIN DE FER DU NORD

Juin 1893

PARIS-LONDRES

Cinq services rapides quotidiens dans chaque sens

TRAJET EN 7 HEURES — TRAVERSÉE EN 1 HEURE

Tous les trains, sauf le Club-Train, comportent des 2es classes.

En outre, les trains de malle de nuit partant de Paris pour Londres à 9 heures du soir, et de Londres pour Paris à 8 h. 15 du soir, prennent les voyageurs munis de billets de *3e classe.*

Départs de Paris :

Viâ CALAIS-DOUVRES : 8 heures, 11 h. 30 du matin ; 3 h. 15 (Club-Train) et 9 heures du soir.

Viâ BOULOGNE-FOLKESTONE : 10 h. 20 du matin.

Départs de Londres :

Viâ DOUVRES-CALAIS : 8 heures, 11 h. du matin ; 3 h. (Club-Train) et 8 h. 15 du soir.

Viâ FOLKESTONE-BOULOGNE : 10 h. du matin.

Les voyageurs munis de billets de 1re classe sont admis *sans supplément* dans la voiture de 1re classe ajoutée au Club-Train entre Paris et Calais.

De Calais à Londres, supplément de 12 fr. 50.

CHEMINS DE FER DU MIDI

VOYAGES CIRCULAIRES
dans le Centre de la FRANCE et aux PYRÉNÉES
1er, 2e et 3e ITINÉRAIRES

1re classe, **163** fr. **50** — 2e classe, **127** fr. **50**

DURÉE DES VOYAGES : 30 JOURS (non compris le jour du départ).

Faculté de prolongation moyennant supplément de 10 0/0

1° Paris (Gare d'Orléans), Bordeaux, Arcachon, Mont-de-Marsan, Tarbes, Bagnères-de-Bigorre, Montréjeau, Bagnères-de-Luchon, Pierrefitte-Nestalas, Pau, Bayonne, Bordeaux, Paris (Gare d'Orléans).

2° Paris (Gare d'Orléans), Bordeaux, Arcachon, Mont-de-Marsan, Tarbes, Pierrefitte-Nestalas, Bagnères-de-Bigorre, Bagnères-de-Luchon, Toulouse, Paris (Gare d'Orléans).

3° Paris (Gare d'Orléans), Bordeaux, Arcachon, Dax, Bayonne, Pau, Pierrefitte-Nestalas, Bagnères-de-Bigorre, Bagnères-de-Luchon, Toulouse, Paris (Gare d'Orléans).

Ces billets sont délivrés immédiatement à la gare du chemin de fer d'Orléans, quai d'Austerlitz, à Paris. Il est également délivré des billets à toutes les gares et stations du réseau d'Orléans et aux principales gares du réseau du Midi, situées sur l'itinéraire à parcourir, pourvu que la demande en soit faite au moins trois jours à l'avance.

BILLETS DE FAMILLE
à destination des Stations Hivernales et Balnéaires des Pyrénées.

Des billets de famille, de 1re et de 2e classe, sont délivrés toute l'année à toutes les stations des réseaux d'Orléans, de l'État et du Midi, pour Alet, Arcachon, Argelès-Gazost, Ax-les-Thermes, Bagnères-de-Bigorre, Bagnères-de-Luchon, Banyuls-sur-Mer, Biarritz, Boulou-Perthus (le), Cambo-Ville, Capvern, Céret (Amélie-les-Bains, La Preste, etc.), Couiza-Montazels, Dax, Guéthary (halte), Hendaye, Lamalou-les-Bains, Laruns-Eaux-Bonnes, Oloron-Sainte-Marie, Pierrefitte-Nestalas, Pau, Prades (Le Vernet et Molitg), Saint-Flour (Chaudesaigues), Saint-Girons, Saint-Jean-de-Luz, Salies-de-Béarn, Salies-du-Salat et Ussat-les-Bains.

Avec les réductions suivantes calculées sur les prix du tarif général d'après la distance parcourue, sous réserve que cette distance, aller et retour compris, sera d'au moins 500 kilomètres.

Pour une famille de deux personnes, **20** 0/0 ; de trois, **25** 0/0 ; de quatre, **30** 0/0 ; de cinq, **35** 0/0 ; de six ou plus, **40** 0/0.

Durée de validité : 33 jours, non compris les jours de départ et d'arrivée. Faculté de prolongation moyennant supplément de 10 0/0.

NOTA. — Ces billets doivent être demandés au moins 4 jours à l'avance. (Voir pour les conditions, le tarif G. V. 106 Midi-État-Orléans.)

Un livret indiquant en détail les prix et les conditions dans lesquelles peuvent être effectuées les excursions ci-dessus est envoyé *franco* à toute personne qui en fait la demande à la Compagnie du Midi. Cette demande peut être adressée, soit au bureau commercial de la Compagnie, 54, boulevard Haussmann, à Paris, soit au bureau des tarifs, rue de la Gare, à Bordeaux,

CHEMINS DE FER DE L'OUEST

Voyages à Prix réduits.

EN NORMANDIE, EN BRETAGNE,

A l'Ile de Jersey et au Mont-Saint-Michel.

Dans le but de faciliter les voyages d'agrément sur ses lignes, la Compagnie des Chemins de fer de l'Ouest fait délivrer au départ de Paris :

Pendant la saison d'Été (Mai à Octobre):

1° Des billets d'aller et retour individuels à prix très réduits de 1re et de 2e classe, valables soit pendant 4 jours (vendredi au lundi) pour les stations balnéaires comprises entre Le Tréport et Granville, soit pendant 33 jours, pour les stations balnéaires comprises entre Bayeux et Brest ;

2° Des billets d'excursion à itinéraires fixes, valables pendant un mois, permettant de visiter les points les plus intéressants de la Normandie, de la Bretagne ainsi que l'Ile de Jersey (10 itinéraires dont les prix varient de 60 à 115 francs en 1re classe et de 40 à 100 francs en 2e classe) ;

3° Des billets d'excursion au Mont-Saint-Michel valables 6 jours et comprenant le trajet en voiture entre Pontorson et le Mont-Saint-Michel et permettant de visiter Granville, au retour. — Prix : 1re classe, 49 fr. 40 ; 2e classe, 37 fr. 65 ; 3e classe, 28 fr. 20.

Toute l'année :

1° Des billets d'aller et retour directs sur Jersey, valables pendant un mois aux prix suivants :

I. Aller et retour par Granville. — 1re cl., 70 fr. 10 ; 2e cl., 49 fr. 05 ; 3e cl., 35 fr. 25.

II. Aller par Granville et retour par Saint-Malo-Saint-Servan (ou inversement) avec faculté d'effectuer l'excursion du Mont-Saint-Michel. — 1re cl., 78 francs ; 2e cl., 55 fr. 40 ; 3e cl., 40 fr. 15.

2° Des billets circulaires en Bretagne (validité 30 jours). Itinéraire : Rennes, Saint-Malo, Dinard, Lannion, Roscoff, Brest, Douarnenez, Pont-l'Abbé, Concarneau, Quiberon, Savenay, Le Croisic, Guérande, Saint-Nazaire, Redon, Rennes. — Prix : 1re cl., 65 francs ; 2e cl., 50 francs.

Billets spéciaux de parcours complémentaires :

Il est en outre délivré de toute station des réseaux de l'Ouest et d'Orléans, pour aller rejoindre l'itinéraire du voyage circulaire en Bretagne, ou inversement, des billets spéciaux de 1re et de 2e classe comportant une réduction de 40 0/0 sur le prix ordinaire des places, sous condition d'un parcours minimum de 150 kilomètres par billet ou payant pour 150 kilomètres.

CHEMINS DE FER DE PARIS-LYON-MÉDITERRANÉE

Billets d'Aller & Retour collectifs
POUR EXCURSIONS DE SOCIÉTÉS

Il est délivré aux Sociétés, dans toutes et pour toutes les gares du réseau, des billets d'aller et retour collectifs de 2° et de 3° classe avec réduction sur le tarif ordinaire des billets d'aller et retour. Ces billets ne peuvent servir qu'aux membres d'une même Société, ou à tout groupe de personnes appartenant d'une manière permanente à une même Société et voyageant en uniforme ou avec un signe distinctif identique pour tous les membres. Les titulaires d'un billet collectif sont tenus de voyager ensemble.

La durée de validité est uniformément de 10 jours, calculés de minuit à minuit, y compris le jour du départ. Au retour, le départ des voyageurs doit s'effectuer au plus tard par le train auquel ils ont droit qui précède l'expiration de la durée de validité.

La durée de validité peut être, à deux reprises, prolongée de moitié, moyennant un supplément de 10 % du prix pour chaque prolongation.

VOYAGES CIRCULAIRES A ITINÉRAIRES FACULTATIFS
(Billets individuels et collectifs)

Il est délivré, pendant toute l'année, dans toutes les gares du réseau P.-L.-M., des billets individuels et de famille, à prix très réduits, pour effectuer sur ce réseau des voyages circulaires, à itinéraires établis par les voyageurs eux-mêmes, avec parcours totaux d'au moins 300 kilomètres. Ces billets, qui donnent à leur porteur le droit de s'arrêter dans toutes les gares de l'itinéraire, sont valables pendant 30, 45 ou 60 jours, suivant l'importance du parcours.

Avis important. — Les renseignements les plus complets sur les voyages circulaires et d'excursion, ainsi que sur les billets simples et d'aller et retour, cartes d'abonnement, relations internationales, horaires, etc., sont renfermés dans le *Livret-Guide officiel des Voyages circulaires* de la Cie P.-L.-M., mis en vente au prix de 30 centimes, dans les principales gares, bureaux de ville et dans les bibliothèques des gares de la Compagnie.

PARIS. — IMPRIMERIE CHAIX. — 12964-6-93. — (Encre Lorilleux).

360

www.ingramcontent.com/pod-product-compliance
Lightning Source LLC
LaVergne TN
LVHW022121080426
835511LV00007B/957